FRAGMENTS BIOGRAPHIQUES

SUR

JACQUES SADOLET,

Évêque de Carpentras.

Par Antoine PÉRICAUD aîné,

Membre de plusieurs académies; un des fondateurs de la Société littéraire
de Lyon; correspondant du Ministère de l'Instruction publique
pour les travaux historiques.

LYON,

Imprimerie de GUYOT, Libraire, rue de l'Archevêché, 2.

1849.

JACQUES SADOLET.

Addition à l'Histoire littéraire de la ville de Lyon, par le
P. de Colonia.

Jacques Sadolet, cardinal-évêque de Carpentras, né à Modène le 12 juillet 1477, est une de ces grandes illustrations qui ne devait pas être passée sous silence dans les fastes littéraires de notre cité. Il n'avait pas moins de droit à y figurer que plusieurs savants étrangers, qui y sont mentionnés pour avoir séjourné plus ou moins de temps dans nos murs. L'omission du P. de Colonia est d'autant plus étonnante que cet estimable et savant jésuite possédait un manuscrit contenant environ cent lettres inédites écrites par Sadolet, au nom de Léon X, dans le temps qu'il était secrétaire de ce pape (1).

Avant d'être promu à l'épiscopat, Sadolet s'était fait connaître par des poésies qui passent à juste titre pour un modèle de la plus pure lati-

nité, et c'est avec raison qu'un critique moderne
(2) a dit que ses vers sur le *Laocoon* (3) « sem-
blent comme ce chef-d'œuvre de la sculpture,
une ruine échappée aux injures des barbares et
du temps. »

Déjà Sadolet avait fait gémir les belles presses
de notre *Sébastien Gryphe* (4), lorsqu'il vint à
Lyon, vers la fin de mai 1533, pour complimen-
ter François 1er qui s'y trouvait avec toute sa
cour. Les fêtes brillantes qui eurent lieu à cette
occasion attirèrent un grand nombre d'étrangers, et l'évêque de Carpentras rencontra
plusieurs de ses compatriotes parmi eux. Digne
appréciateur des talents et des vertus de Sadolet,
le roi de France fit tous ses efforts pour le re-
tenir auprès de lui ; mais le pieux pasteur, refu-
sant les hautes dignités qui lui étaient offertes ,
ne voulut point se séparer de son troupeau. Il
préféra la solitude au tumulte des cours, et l'é-
tude à tous ces vains honneurs qui ne peuvent
flatter que les ambitieux. Il travaillait alors à
ses Commentaires en forme de dialogues sur
l'Epître de St. Paul aux Romains. Le roi auquel
il fit part du plan qu'il avait cru devoir adopter,
en fut très satisfait. Deux ans après, l'ouvrage
fut édité par Gryphe. L'auteur, dans sa dédicace à François 1er, fait un grand éloge de ce

monarque, « tant il est naturel et raisonnable,
« dit le P. Berthier, qu'un prince amateur des
« lettres, soit célébré par les plus beaux esprits,
« par les meilleures plumes, et par les plus
« honnêtes gens,... trois qualités de l'évêque de
Carpentras (5). »

Sadolet retourna donc dans son diocèse; mais,
cette même année 1533, il se retrouva avec le
roi de France à Avignon, où ils assistèrent l'un
et l'autre à la découverte, ou plutôt à l'ouvertu-
re du tombeau de la belle *Laure* (6). Les circons-
tances de cette découverte ont été consignées
pour la première fois dans la dédicace que *Jean
de Tournes*, un de nos plus habiles typographes,
fit à un de nos plus illustres poètes, *Maurice
Scève* (7), de sa jolie édition des poésies de Pétrarque, publiée en 1545. C'est à la suite de cette
dédicace que fût publiée cette fameuse épitaphe
de Laure, improvisée par François Ier, laquelle
est bien certainement de ce prince et non point
de Clément Marot, auquel on a voulu en faire
honneur.

En petit lieu compris vous povez veoir,
Ce qui comprend beaucoup de renommée.
Plume, labeur, la langue et le debvoir.
Furent vaincuz par l'aymant de l'aymée,

> O gentill'ame, estant tant estimée,
> Qui te pourra louer qu'en se taisant ?
> Car la parole est toujours réprimée
> Quant le subjet surmonte le disant.

Si quelques auteurs, et notamment l'abbé *Goujet* ont attribué ce charmant huitain à Marot, c'est parce que *Sulpice Sabon* l'inséra dans l'édition qu'il donna des œuvres de ce poète en 1545, l'année même où Jean de Tournes avait publié son *Pétrarque*. Mais nous ferons observer que, dans cette édition, l'épitaphe de Laure se trouve à la suite de quelques sonnets de Pétrarque traduits par Marot, et que cette épitaphe achevant de remplir une page (la 144e de la 2e partie), l'imprimeur, faute d'espace, ne put y mettre un titre développé. Enfin, ce qui achève de lever tous les doutes, c'est que Marot lui-même, dans un huitain qu'on lit à la p. 122 de l'édition de Sabon, félicite Laure d'avoir été louée par François Ier. Ajoutons que ce prince vivait encore quand l'épitaphe de *Laure* fut publiée par de Tournes, et que cet imprimeur n'aurait pas été assez osé pour attribuer à François Ier les vers d'un autre. Toutefois, je serais fort tenté d'enlever à Marot le huitain à la louange de Laure et de François Ier, pour en gratifier notre Maurice

Scève qui, au rapport de *de Tournes*, avait composé, à l'éloge du roi et de Mme *Laure*, une épigramme qu'il aurait publiée s'il en avait eu une copie, quoique *Maurice Scève* lui eût dit qu'il ne voulait pas que cette pièce vit le jour.

Avant son voyage à Lyon, Sadolet était déjà l'ami du *cardinal de Tournon*, qui fut plus tard gouverneur de Lyon, et ensuite archevêque de cette ville. Député à Rome par le roi de France, vers les premiers jours de 1533, l'illustre diplomate écrivit de Lyon, à Sadolet, une lettre d'adieux qu'il accompagna d'un livre de *Budé*. Sadolet le remercia de son souvenir et de son présent. « J'aime, lui dit-il, l'auteur de ce livre, à « cause de son esprit, de son érudition, de l'in- « nocence de ses mœurs, et je remarque tou- « jours avec un singulier plaisir, qu'il ne man- « que jamais de faire l'éloge de notre monarque; « mais je lui souhaiterais un peu plus de dou- « ceur dans le style... (XII *cal. febr.*, 1533, l. « VI, ep. XII.) » Budé, en effet, de l'avis des meilleurs critiques, manque d'élégance et même de clarté. Dans une autre lettre adressée au cardinal de Tournon, en novembre 1541, Sadolet le remercie d'avoir délivré le diocèse de Carpentras des troupes que le roi y faisait séjourner.

Jean de Lorraine, promu à l'archevêché

de Lyon en 1536, fut aussi un des correspondants de Sadolet qui lui écrivit, cette même année, pour lui recommander un littérateur écossais, *Florent Wilson* qui était venu s'établir à Lyon où il paraît qu'il professa la philosophie au collége de la Trinité, ainsi qu'il l'avait fait précédemment cette science au collége de Navarre à Paris. En 1546, époque où la réforme commençait à prendre faveur parmi les gens lettrés de Lyon, Wilson soumit ses doutes en matière de foi à l'évêque de Carpentras, qui l'engagea à se défier des opinions nouvelles et à ne jamais déserter le giron de l'Eglise catholique.

Mais le correspondant le plus actif de Sadolet dans notre ville, dut être Sébastien Gryphe, qui imprimait non-seulement les ouvrages du savant prélat, mais encore ceux de plusieurs de ses amis qui lui envoyaient leurs manuscrits pour les soumettre à sa censure et à son goût éclairé, avant de les livrer au public. Ce fut, en effet, à l'invitation de Sadolet que Gryphe se chargea de l'impression et du débit des ouvrages de plusieurs Italiens. Un des plus remarquables est le poème d'*Aonius Paléarius* (8) intitulé : *De animorum immortalitate* , publié en 1536. En tête de cette édition, est la lettre écrite par Sadolet à Gryphe, le 3 juillet de cette année, dans laquelle le bienveillant prélat met Paléarius sur la même ligne que Lucrèce, et promet au nouveau poème un succès pareil à celui qu'ont eu les poésies de Sannazar et de Vida que Gryphe venait d'éditer. La postérité n'a pas confirmé ce jugement : Sannazar et et Vida n'ont pas cessé de faire les délices des amis des muses latines, tandis que le poème de Paléarius est aujourd'hui encore moins connu que le *Zodiacus vitæ* de Palingène dont il existe plusieurs éditions lyonnaises, publiées vers le même temps.

Qu'on ne s'étonne pas si les presses de notre ville produisirent un très-grand nombre d'ouvrages qui avaient des Italiens pour auteurs. Vers la fin du quinzième siècle plusieurs familles nobles de différentes provinces de l'Italie étaient venues s'établir à Lyon dans l'espoir de s'y enrichir par le commerce. Quelques-unes même, et de ce nombre celle des Pazzi, s'y étaient réfugiées par suite d'évènements politiques. Plusieurs imprimeries étaient aussi dirigées par des Italiens ; il était donc naturel que Sadolet, dans le diocèse duquel l'art typographique n'avait pas encore pu se fixer (9), dut s'adresser aux imprimeurs de Lyon, et s'il préféra Gryphe, ce fut probablement à cause de la beauté de ses impressions.

Sadolet mourut à Rome, le 18 octobre 1547. Nicolas Bourbon l'Ancien, qui séjourna à Lyon en 1538, a fait à la louange de l'illustre prélat que Fénelon semble avoir pris pour modèle, deux épigrammes, l'une en latin et l'autre en grec : on les trouvera dans le vi[e] livre de ses *Nugæ.* (Carm. 87 et 88.) M. Audin, de l'Académie et de la Société littéraire de Lyon, lui a consacré un des chapitres de son savant ouvrage sur *Léon X et son Siècle* (10).

NOTES.

(1) *Mém. de Trévoux*, sept. et oct. 1701. — Un ami des deux Spon, François Graverol, dont le frère, avant la révocation de l'édit de Nantes, était ministre de l'Eglise prétendue réformée à St-Romain-au-Mont-d'Or, possédait aussi un volume de lettres inédites de Sadolet. Voyez TEISSIER, *Hommes savants*, I, 54. Il est à présumer que ces lettres ainsi que celles qui ont ont appartenu au P. de Colonia, se trouvent dans les recueils de lettres de Sadolet publiés en 1759, 1760 et 1767.

(2) J.-L. CHARPENTIER, *Etudes sur la littér. rom.*, p. 349.

(3) Le groupe du *Laocoon* fut retrouvé en 1506, par Félix de Fredis qui le vendit à Jules II (*Biogr. univ.*, LIV, 558). Le poème que Sadolet composa pour célébrer cette découverte a été traduit en vers français par P. Durand, tom 2, p. 166-70 de son *Pétrone*. S'il fallait en croire le continuateur de Ginguené, « Adrien VI, « en voyant le *Laocoon*, et le regardant comme une « idole des anciens, fit craindre qu'il ne le destinât à « servir de chaux pour la construction de la basilique

« de St-Pierre. » Pour justifier cette inculpation, M. Salfi renvoie, sans en donner le texte, à deux lettres datées de 1523. Toutefois il n'est que trop avéré que, dans les temps de barbarie, on faisait de la chaux avec les marbres des monuments antiques. Pogge rapporte que l'amphithéâtre de Vespasien fut démoli pour cela. Il en fut de même du temple de la Concorde, suivant dom Mabillon qui cite, entr'autres autorités, une épigramme de Pie II, qui mérite d'être reproduite :

> Oblectat me, Roma, tuas spectare ruinas,
>   Ex cujus lapsu gloria prisca patet.
> Sed tuus hic populus muris defossa vetustis,
>   Calcis in obsequium marmora dura coquit.
> Impia tercentum si gens sic egerit annos
>   Nullum hinc indicium nobilitatis erit.

(4) *In Psalmum* XCIII *interpretatio*, 1530. In-8°, — Le livre de Sadolet, *de Liberis recte instituendis*, publié à Venise en 1533, fut réimprimé par Séb. Gryphe, en 1535. Ses Commentaires sur l'Epître de S. Paul aux Romains, furent imprimés à Lyon, cette même année ; plusieurs autres ouvrages de Sadolet furent aussi publiés à Lyon.

(5) *Hist. de l'Eglise Gallicane*, L. II.

(6) On ne conçoit pas que la muse de Sadolet soit restée muette lors de cette découverte, surtout quand on se rappelle qu'il tenait à honneur de posséder l'habit de peau sur lequel *Pétrarque* écrivait ses pensées (*Mélanges de Michault*, 1,163). Il eût peut-être sur

cette découverte les mêmes doutes qu'a eus depuis le baron de la Bastie. Voyez les *Mém.* de *l'Acad. des Inscript.* xv. II., 416.

(7) M. *Barjavel*, t. 2, p. 406 de sa *Biogr. vauclusienne*, attribue à *Maurice Scève*, la découverte du tombeau de *Laure*. Ce serait lui qui aurait traduit par *Madona Laura morta jacet*, les quatre initiales gravées sur ce tombeau, initiales qu'on pourrait traduire de mille et une manières ; *verbi gratia* ainsi : *Mariam laudate matrem Jesu.*

(8) Le véritable nom d'Aonius Paléarius est *Antonio della Paglia;* son goût pour l'antiquité le porta à le latiniser, et la raison de ce changement fut consignée par un de ses amis dans un quatrain grec, dont voici une traduction inédite :

> Elève des neuf sœurs, bercé dans l'Aonie ,
> Ton caprice emprunta le nom d'Aonius ;
> Quand Cicéron en toi retrouve son génie,
> Pouvais-tu conserver le nom d'Antonius?

Scévole de Sainte-Marthe a traduit en vers français un chant du poème de Paléarius. Dreux du Radier (B. du Poitou, v, 122), lui reproche d'avoir manqué de fidélité, et d'être resté fort au-dessous de l'original. Il faut ajouter à l'article *Paléarius* de la *Biographie universelle*, que ce fut le duc d'Albuquerque , gouverneur de Milan , qui le livra aux inquisiteurs de Rome

Voyez les *Lettres de Pie V*, Paris, 1826, in-8°, page VIII. Une longue lettre de Sadolet à Paléarius a été publiée par Tiraboschi, tome IV, p. 448-52 de sa *Biblioteca Modenese*. Une traduction du *Plaidoyer de Sulpicius contre Muréna*, composé par Paléarius, a été imprimée à Lyon, en 1826. Voyez encore sur cet humaniste, les *Mélanges* de M. Bréghot du Lut, p. 193, et ses *Nouveaux mélanges*, p. 148.

(9) Avignon, ville voisine de Carpentras, n'est mentionnée que pour deux ouvrages dans les *Annales* de Panzer, de 1501 à 1536 ; le premier est un livre du dominicain Sànte Pagnino, publié en 1525, sans nom d'imprimeur ; le second, un *Velléius Paterculus*, imprimé en 1532, par *Antoine Bonhomme*, qui était sans doute le parent de *Macé Bonhomme*, un des bons imprimeurs lyonnais du XVI° siècle. La Serna Santander, tome I, p. 442 de son *Dictionnaire bibliographique du XV° siècle*, ne cite que deux impressions faites à Avignon avant 1500. La première : *Luciani Palinurus, Scipio Romanus, Carmina heroica in Amorem*, etc., Avenione, impensis *Nicolai Lepe*, 1497, in-4° ; la seconde : *Arnaldi Badeti Breviarium dé Mirabilibus mundi*, 1499, in-4°. Quant à Carpentras, le premier livre imprimé en cette ville, serait, suivant M. Ternaux-Compans, *Le Porte-feuille de M. L. D. F***** (La Faille, auteur des *Annales de Toulouse*) ; Carpentras, *Labarre*, 1694, in-12. L'année suivante fut aussi imprimé dans cette ville, le *Traité des fièvres mali-*

gnes et pourprées , par Fr. Raynaud , in-12. (Catal. Falconet, n° 6411.)

(10) Voyez NICERON, XXVIII, 432 ; le *Gallia Christ.*, I, 910 ; GAILLARD , *Hist. de François Ier*, IV, 319 ; BURIGNY, *Vie d'Erasme* ; VALERY, *Curiosités italiennes.* — L'abbé Cancellieri a fait insérer dans les *Ephémérides de Rome*, une courte Notice sur Sadolet, qui ne paraît pas avoir été imprimée séparément.